PRÉCIS ÉLÉMENTAIRE

D'INSTRUCTION

RELIGIEUSE ET MORALE

POUR

LES JEUNES FRANÇAIS ISRAÉLITES.

שרשי דת אל ומישרים.

PRÉCIS ÉLÉMENTAIRE

D'INSTRUCTION

RELIGIEUSE ET MORALE

POUR

LES JEUNES FRANÇAIS ISRAÉLITES.

PARIS,

C. BALLARD, IMPRIMEUR DU ROI,

rue J.-J. Rousseau, n°. 8.

—

1820.

Les formalités voulues par la loi ayant été
remplies , tout exemplaire qui ne sera pas
revêtu de la signature du président du consistoire central, sera réputé contrefaçon.

EXTRAIT

DES REGISTRES

DES DÉLIBÉRATIONS

DU CONSISTOIRE CENTRAL

DES ISRAÉLITES DE FRANCE.

Séance du 5 octobre 1820.

Le Consistoire central des Israélites de France, considérant qu'il est urgent d'adopter, pour l'éducation religieuse et morale de la jeunesse israélite du premier âge, un livre élémentaire qui offre toutes les garanties, soit sous le rapport de l'orthodoxie, soit sous les rapports moraux et sociaux;

Après avoir délibéré sur les divers points énoncés dans le manuscrit ayant pour titre : *Précis élémentaire d'instruction religieuse et morale pour les jeunes Français israélites,*

Considérant que les articles 4, 5, 6, 7, 8 et 9, des décisions doctrinales du Grand Sanhédrin, se rattachent particulièrement aux principes de

1

morale religieuse et sociale contenus dans ce manuscrit.

ARRÊTE :

ARTICLE PREMIER.

Le manuscrit ayant pour titre ; *Précis élémentaire d'instruction religieuse et morale pour les jeunes Français israélites* est adopté comme livre élémentaire et classique à l'usage de toutes les écoles israélites du Royaume.

ART. II.

Ce manuscrit sera imprimé aux frais du Consistoire central.

ART. III.

Un nombre suffisant d'exemplaires sera distribué *gratis*, pour les élèves pauvres, aux différentes écoles israélites du royaume, établies et à établir.

ART. IV.

Le produit de la vente des autres exemplaires sera appliqué par le Consistoire central, soit à encourager les auteurs des meilleurs ouvrages pour la jeunesse israélite, soit à des prix pour les élèves qui se seront le plus distingués dans les écoles, soit enfin à toute autre bonne œuvre.

(3)

Art. V.

Les Consistoires départementaux sont invités
à veiller à ce que cet ouvrage soit introduit
dans toutes les écoles de leurs circonscriptions
respectives, comme livre élémentaire pour l'instruction de la jeunesse.

Art. VI.

Le Consistoire central, en recommandant cet
ouvrage à tous les pères de famille et à tous les
Instituteurs israélites du Royaume, pour l'instruction de leurs enfans et de leurs élèves,
émet le vœu que chaque enfant, à l'époque où
il aura atteint sa majorité religieuse. (בר מצוה)
ne soit admis à se présenter au temple pour y
faire la cérémonie d'usage (la lecture publique
du chapitre du Pentateuque ou la célébration
du service divin) qu'après avoir subi devant
M. le Grand Rabbin de la Circonscription ou
devant son délégué, un examen sur les principes contenus dans ledit ouvrage élémentaire.

Certificat d'examen sera délivré *gratis* pour
servir de titre d'admission.

Art. VII.

Les articles 4, 5, 6, 7, 8 et 9 des décisions

doctrinales du Grand Sanhédrin seront impri-
més à la suite de ce livre élémentaire.

Fait en séance consistoriale les jour, mois et
an que dessus.

Les Membres du Consistoire central,

DE COLOGNA, *Chevalier de l'Ordre impérial
de la Couronne de Fer, Grand Rabbin,
Président ;*

EMANUEL DEUTZ, *Grand-Rabbin ;*

A. SCHMOLL,
S. MAYER DALMBERT,   membres laïques.

J. S. POLACK, *secrétaire.*

AVANT-PROPOS.

Donner aux enfans une instruction religieuse et morale est un devoir qui se rattache à la croyance. S'il est vrai que l'on espère en vain de trouver le salut et le bonheur véritable hors de la religion et de la pratique des vertus, il faut que des parens soient insensibles et dénaturés pour ne pas s'empresser d'assurer à leurs enfans, objets de leurs plus tendres affections, ce patrimoine sacré, source unique d'une félicité solide et durable.

Un père qui croit à la religion et à la vertu, les désavouerait hautement si, par l'inconséquence la plus absurde, il négligeait de remplir ce devoir. C'est donc par le zèle qu'un père met à le remplir, que l'on peut apprécier sa piété. Dieu, parlant du saint Patriarche Abraham, s'exprime ainsi : « Je l'ai choisi pour « l'objet de ma prédilection, parce qu'il ne cesse « d'exhorter ses enfans, sa famille et sa posté- « rité à suivre les voies de l'Eternel et à prati-

« quer la vertu et la justice (1) ». Le noble exemple de ce père des croyans est devenu pour nous, qui sommes ses descendans, une disposition expresse de la Loi divine (2). Aussi, dans tous les tems et quelle qu'ait été la position politique des Israélites, on a toujours senti l'importance des devoirs relatifs à l'éducation religieuse et morale de la jeunesse, et partout il s'est trouvé des ames pieuses qui ont concouru, par leurs largesses, à la fondation et au soutien d'établissèmens consacrés à l'enseignement religieux et moral des enfans, surtout de cette jeunesse que l'indigence des parens condamnait à languir dans une sorte de dénuement moral.

Mais tout ce qui est entre les mains des hommes doit nécessairement, si non pour le fond, du moins quant à l'ordre, se ressentir des vicissitudes des tems. La méthode de l'instruction religieuse des jeunes Français Israélites appelle aujourd'hui l'attention la plus sérieuse de la part des fonctionnaires à qui le gouvernement paternel du plus sage des rois daigne confier le bien-être moral de leurs co-religionnaires. Les circonstances réclament hautement un

____

(1) Gen. Ch. XVIII. V. 19.
(2) Deut. Ch. VI. V. 7 (et autres passages semblables).

ouvrage élémentaire à l'usage des écoles primaires israélites du royaume, qui serve d'introduction à la connaissance des devoirs religieux et moraux. La parfaite connaissance de l'hébreu, de cette langue sacrée, dans laquelle sont écrits les documens originaux de notre religion, est, sans contredit, indispensable; mais les enfans du premier âge, ayant à peine la capacité d'en apprendre les premiers principes, il aurait été inconvenant et même absurde de publier cet ouvrage dans tout autre idiôme que la langue nationale, la seule familière aux jeunes élèves.

Pères de familles israélites, c'est pour remplir cette noble tâche et l'un de ses devoirs les plus doux, que votre Consistoire central vous offre aujourd'hui un *Précis élémentaire* qu'il croit aussi utile que nécessaire à vos jeunes enfans. Cet ouvrage présente, avec la clarté, la naïveté et la précision convenables à leur âge, les bases prinpales de la religion de nos pères; celles des devoirs moraux, civils, politiques et sociaux. Les avantages que nous devons attendre de l'introduction de ce livre élémentaire dans toutes nos écoles primaires, dépendent essentiellement des développemens que sauront en donner de vive voix des instituteurs religieux et éclairés. C'est à leur zèle que le Consistoire Central recommande spécialement la culture soignée de ces tendres plantes que la religion et l'État ont un égal intérêt à voir fructifier. Et vous qui êtes appelés à l'important ministère de former l'esprit et le cœur des jeunes élèves, c'est à vous à diriger, plus encore par vos exemples que par vos leçons, les premiers pas de l'adolescence dans la voie de la religion et de la vertu. Votre récompense sera la douce satisfaction d'avoir bien mérité du Ciel et de la société.

שרשי דת אל ומישרים.

PRÉCIS ÉLÉMENTAIRE

D'INSTRUCTION

RELIGIEUSE ET MORALE

POUR

LES JEUNES FRANÇAIS ISRAÉLITES.

~~~~~~

<div align="center">

Ire. LEÇON.

Leçon préliminaire.

</div>

D. Qui êtes-vous, mon enfant?

R. Je suis un (une) jeune Israélite.

D. Quel est le motif qui vous amène ici ?

R. Le désir d'être interrogé sur les principes de notre religion.

D. Qu'entendez-vous par cette expression *notre religion* ?

R. J'entends par notre religion, la

<div align="center">1 *</div>
~~~~~~

croyance en Dieu, et l'obéissance à la loi qu'il a donnée aux Israélites.

D. Qu'est-ce qu'un Israélite ?

R. Un descendant des Patriarches Abraham, Isaac et Jacob dont le dernier reçut de Dieu le nom d'*Israël*.

D. Faites-moi connaître les générations, de père en fils, depuis Adam, le premier homme, jusqu'à Jacob ?

R. Ce sont les vingt-deux générations suivantes : *Adam, Seth, Enosch, Kenanne, Mahalalel, Jered, Henoc, Mathusalem, Lemec, Noé, Sem, Arpasad, Saleh, Heber, Peleg, Rehou, Seroug, Nachor, Terah, Abraham, Isaac et Jacob.*

D. Suffit-il d'être un des descendans de ce saint homme pour mériter le nom de vrai Israélite ?

R. Non. Il faut aussi observer la Loi que Dieu nous a donnée et remplir tous les devoirs que cette Loi nous impose.

IIᵉ. LEÇON.

De Dieu.

D. Qu'est-ce que *Dieu* ?

R. *Dieu* est le créateur du ciel et de la terre et de tout ce qu'ils renferment. Dieu est le souverain maître de toutes choses : il gouverne tout. Dieu a toujours été, il est et il sera éternellement, et c'est pourquoi il s'appelle l'*Éternel*. Dieu est partout, l'univers est rempli de sa gloire ; il voit tout, il connaît tout, jusqu'à nos plus secrètes pensées.

D. Y a-t-il plusieurs Dieux ?

R. Il n'y a et il ne peut y avoir qu'un seul Dieu.

D. A quelle fin Dieu nous a-t-il créés ?

R. Pour le connaître, l'adorer et le servir en remplissant les devoirs prescrits par ses Lois, et afin que notre ame, après la mort, jouisse de la béatitude éternelle.

D. En combien de parties se divisent les devoirs que nous avons à remplir ?

R. En trois parties ; savoir, 1°. les devoirs de l'homme envers Dieu ; 2°. les devoirs de l'homme envers son prochain ; 3°. les devoirs de l'homme envers lui-même.

SECTION PREMIÈRE.

DES DEVOIRS DE L'HOMME ENVERS DIEU.

Iere LEÇON.

De la Loi de Dieu.

D. Qu'entendez-vous par la Loi de Dieu?

R. Les préceptes contenus dans nos livres sacrés.

D. Quelles sont les bases de la Loi de Dieu?

R. L'amour de Dieu et l'amour du prochain.

D. Qu'est-ce que l'amour de Dieu ?

R. Un sentiment qui doit nous porter à aimer Dieu sur toutes choses. Nous ne devons pas oublier un seul instant que notre vie et tous les biens que nous possédons viennent de lui et qu'il récompense les justes et punit les impies , soit dans cette vie , soit dans la vie a venir.

D. Qu'entendez-vous par les *justes* et les *impies ?*

R. Les *justes* sont ceux qui remplissent leurs devoirs envers Dieu et envers leur prochain, et les *impies* ceux qui ne remplissent pas ces devoirs.

D. Qu'est-ce que l'amour du prochain?

R. C'est le sentiment qui doit nous porter à aimer tous les hommes.

D. Pourquoi appelez- vous tous les hommes *notre prochain ?*

R. Parce qu'ils sont tous nos semblables. Ils sont comme nous les créatures de Dieu et issus, comme nous, de nos premiers parens Adam et Eve ; nous devons leur faire tout le bien que nous voudrions qu'ils nous fissent ; Dieu a dit : « Aime ton prochain comme toi-même. »

Nous devons regarder comme nos frères tous les hommes qui reconnaissent Dieu , créateur du ciel et de la terre.

D. Comment avons-nous reçu la loi de Dieu ?

R. Dieu donna d'abord à notre père Abraham le précepte de la circoncision. Cette obligation a aussi été imposée à tous les descendans de ce Patriarche, comme une marque sacrée de l'alliance perpétuelle que Dieu a faite avec ce saint homme. Ensuite nos ancêtres se trouvant esclaves en Égypte, Dieu les délivra miraculeusement par le ministère de Moïse, son fidèle serviteur, et leur donna, par l'organe de ce grand prophète, tous les autres préceptes dont se compose la loi divine.

D. Comment appelle-t-on cette partie de la loi que Dieu a donnée sur la montagne de Sinaï, en présence de tout Israël?

R. On l'appelle le Décalogue ou les dix commandemens.

D. Récitez-moi ces dix commandemens.

R. I. Je suis l'Éternel ton Dieu qui t'ai tiré de l'esclavage d'Égypte.

II. Tu n'auras pas d'autre Dieu que moi, tu ne te feras et n'adoreras aucune image.

III. Tu ne proféreras pas en vain le nom de l'Éternel ton Dieu, car l'Éternel ne laisse point impuni celui qui profère son nom en vain.

IV. Tu sanctifieras le jour du sabbat, et ne feras aucun travail en ce jour.

V. Honore ton père et ta mère afin que tu vives long-tems.

VI. Tu ne commettras point d'homicide.

VII. Tu ne commettras point d'adultère ni de fornication.

VIII. Tu ne prendras pas le bien d'autrui.

IX. Tu ne rendras point de faux témoignage.

X. Tu ne convoiteras rien de ce qui appartient à ton prochain.

D. Quel est le livre qui contient ces dix commandemens ?

R. Le Pentateuque ou les 5 livres de Moïse, (livre de la loi.)

D. Ce livre renferme-t-il d'autres préceptes?

R. Il renferme tous les autres préceptes de la loi, toute la loi écrite.

D. Pourquoi dites-vous la loi *écrite?*

R. Parce qu'il y a aussi la loi *orale.*

D. Qu'est-ce que la loi *orale ?*

R. La véritable explication de la loi écrite; Moïse l'a également reçue de Dieu, mais sans l'ordre de l'écrire.

D. Comment la loi orale, n'étant pas écrite, s'est-elle conservée, et comment est-elle parvenue jusqu'à nous?

R. Moïse l'ayant reçue de Dieu et enseignée au peuple d'Israël, elle s'est conservée de mémoire en passant de bouche en bouche aux prophètes, aux chefs de la religion jusqu'au tems où les malheurs et les persécutions qu'éprouvèrent nos ancêtres faisant craindre que cette partie de la loi ne vînt à être oubliée ou altérée, elle fut alors mise par écrit.

D. Quels sont les livres principaux où cette loi orale se trouve consignée?

R. Ce sont la *Mischna* et le *Talmud* ou *Ghémara*.

IIe. LEÇON.

De L'Écriture Sainte.

D. Comment nommez-vous les livres que les Prophètes ont écrits par l'inspiration divine ?

R. Ces livres s'appellent *la Bible* ou *la Saint-Écriture.*

D. En combien de parties se divise la Sainte-Écriture ?

R. En trois parties ; savoir :

1°. תורה, la Loi ;

2°. נביאים, les Prophètes ;

3°. כתובים, les Hagiographes ou Écrits Saints.

Quel est le contenu de ces livres ?

1°. la תורה, qui s'appelle aussi le Pentateuque, ou les cinq Livres de Moïse, contient l'Histoire de la création, celle

des Patriarches et du peuple israélite jusqu'à la mort de Moïse, et tous les préceptes que Dieu nous a donnés par l'organe de ce grand Prophète.

2°. Les נביאים, qui se divisent en
deux parties ; savoir, 1ere. *partie*, les livres
de Josué, les Juges, les deux livres de Sa-
muel, les deux livres des Rois renfermant
la suite de l'histoire du peuple de Dieu, depuis la mort de Moïse jusqu'à la destruction du premier Temple; 2e. *partie*, les livres d'Isaïe, de Jérémie, d'Ezéchiel et
des douze petits Prophètes, renfermant
diverses prophéties, ainsi que des ex-
hortations et des promesses faites de la
part de Dieu au peuple d'Israël.

3°. Les כתובים, qui contiennent
les Psaumes de David, les Proverbes de
Salomon, le livre de Job, le Cantique
des Cantiques, l'Histoire de Ruth, les
Lamentations de Jérémie, l'Ecclésiaste,
ou קהלת, l'Histoire d'Esther, les livres
de Daniel, de Néhémie, d'Ezra et les
דברי הימים ou *Chroniques*.

IIIe. LEÇON.

Des Principes fondamentaux de notre croyance.

D. Quels sont les principes fonda-mentaux de notre croyance?

R. Ce sont les XIII articles de la foi.

D. Récitez-moi ces XIII articles.

R. Je crois :

I. Que Dieu est, qu'il a été et qu'il sera éternellement.

II. Qu'il n'y a qu'un seul Dieu.

III. Que Dieu n'a point de corps ni rien de corporel.

IV. Que Dieu a créé tout ce qui existe.

V. Que c'est à lui seul que nous de-vons adresser nos prières.

VI. Que nos prophètes ont été inspirés de Dieu.

VII. Que Moïse est le plus grand de tous les prophètes.

VIII. Que la loi, tant écrite qu'orale, que nous suivons est celle que Dieu a donnée à Moïse.

IX. Que Dieu ne la changera jamais.

X. Que Dieu connaît toutes les pensées des hommes.

XI. Que Dieu récompense les bons et punit les méchans.

XII. Que Dieu, à l'époque qu'il lui a plu de fixer et que lui seul connaît, nous enverra le Messie, c'est-à-dire un homme issu de la maison royale de David, qui, assisté de la puissance divine, rassemblera les restes dispersés d'Israël et rétablira le temple dans la cité sainte de Jérusalem.

XIII. Que l'ame est immortelle et qu'un jour viendra où les morts seront rappelés à la vie, pour être jugés.

IVᵉ. LEÇON.

Des Préceptes qui nous rappellent particulièrement et le plus souvent l'obligation d'obéir á la loi de Dieu.

D, Quels sont les préceptes dont l'observation nous rappelle journellement le devoir de reconnaître et d'aimer Dieu et d'observer les commandemens contenus dans sa loi?

R. 1°. Les *Théphilin* (Philactères) qu'on applique au bras gauche et sur le front, et où sont écrits quatre chapitres du Pentateuque qui concernent ces mêmes devoirs,

2°. Les *Tsitsith* (franges) que Dieu nous a prescrit de porter comme un signe destiné à nous rappeler l'observation de tous les préceptes divins.

3°. La *Mesousah,* que nous devons appliquer aux portes de nos maisons;

elle contient également deux chapitres relatifs à ces mêmes devoirs.

4°. La prière que nous sommes obligés d'adresser journellement à l'Éternel, par laquelle nous lui témoignons notre soumission, notre confiance en sa bonté infinie, et reconnaissons sa toute puissance, sa providence et sa miséricorde.

~~~~~~

Vᵉ. LEÇON.

De la Prière.

D. Comment devons-nous nous préparer pour adressser notre prière à l'Éternel?

R. En abandonnant toute pensée mondaine et en élevant notre ame vers Dieu. La propreté du corps est également nécessaire pour pouvoir faire nos prières. C'est pourquoi nous devons nous laver les
~~~~~~

mains et le visage tous les matins, et nous laver également les mains pour réciter la bénédiction qui se dit avant le repas.

D. Quel est l'objet de la prière?

R. De célébrer les louanges de l'Éternel, d'invoquer son assistance pour nous et pour le bonheur du monde en général, de le remercier des biens qu'il nous dispense, et de lui demander pardon des fautes que nous avons commises.

D. Est-on obligé de prier tous les jours.

R. Il est de notre devoir de prier Dieu au moins trois fois par jour, savoir: le matin, l'après-midi et le soir.

D. Quels sont les chapitres de la loi qui font partie de la prière et que nous sommes tenus de réciter le matin et le soir?

R. Ce sont trois chapitres dont le 1er. commence par שמע ישראל.

D. Récitez-moi ce premier chapitre?

R. « Écoute Israël; l'Éternel est notre » Dieu, l'Éternel est un. Béni soit à jamais

» le nom de son règne glorieux. Tu ai-
» meras l'Éternel ton Dieu de tout ton
» cœur, de toute ton ame et de tout ton
» pouvoir ; que ces préceptes que je
» te donne aujourd'hui soient gravés
» dans ton cœur ; tu les inculqueras à
» tes enfans et tu les répéteras fréquem-
» ment, soit dans ta maison, soit en che-
» min, et en te couchant et en te levant.
» Tu les lieras comme signe sur ta main,
» et tu les porteras en fronteau entre tes
» yeux ; tu les écriras sur les poteaux de
» ta maison et sur tes portes. »

D. Qu'est-ce que ce chapitre nous rappelle ?

R. L'existence, l'éternité et l'unité de
Dieu ; l'obligation de l'aimer sur toute
chose, même de sacrifier à cet amour
nos biens et notre vie ; d'enseigner à nos
enfans les préceptes de la loi divine ; le
précepte de nous revêtir des *Téphilîn*,
et d'appliquer la *Mésousah* aux portes
de nos maisons.

D. Quelles autres obligations avons-nous à remplir relativement à la prière?

R. De réciter des prières additionnelles dans les diverses fêtes et solennités de l'année, d'adresser à Dieu des actions de grâces avant et après nos repas, et d'autres prières et bénédictions dans les différentes circonstances de la vie.

D. Quelle doit être notre conduite dans le lieu consacré à la prière?

R. Nous devons entrer et nous tenir dans ce lieu saint de la manière la plus respectueuse, et nous abstenir de tout discours étranger au culte divin.

VIe. LEÇON.

Des Fêtes.

D. Quelles sont les fêtes que Dieu nous a ordonné de célébrer?

R. 1°. Le saint jour du *Sabbat,* institué

pour nous rappeler que Dieu, après avoir créé le monde en six jours, s'est reposé le septième, et pour nous faire ressouvenir en même tems de la délivrance miraculeuse de l'esclavage d'Égypte.

2°. La *Pâque*, pour célébrer l'époque de notre sortie d'Égypte. Durant cette fête, il nous est défendu de manger du pain levé; cette fête est fixée au 15 de *nissan*.

3°. La *Pentecôte* ou la fête des semaines, ainsi nommée parce qu'on la célèbre sept semaines après le premier jour de la Pâque, pour célébrer l'époque de la promulgation de la loi sur le Mont Sinaï. Cette fête tombe le 6 du mois de *siwan*.

4°. La fête des *Trompettes* ou du *nouvel an*, anniversaire de la création du Monde. Cette fête est fixée au 1er *tisri*.

5°. Le *Grand Jeûne* ou le jour des *expiations*, entièrement consacré à la pénitence pour obtenir de Dieu le pardon de nos péchés. Cette fête tombe le 10 du même mois de *tisri*.

6°. La fête des *Tentes* ou des *Taber-nacles*, en commémoration de ce que nos ancêtres habitaient sous des tentes pendant leur long voyage dans le désert qu'ils furent obligés de traverser après leur sortie d'Égypte. Cette fête tombe le 15 du même mois.

D. La célébration du Sabbat et des autres fêtes consiste-t-elle simplement dans le repos du corps, en nous abste-nant du travail.

R. Non. Nous devons en outre em-ployer le loisir que nous donnent ces jours de repos, à méditer plus assidû-ment la loi de Dieu, à fréquenter les lieux de prières et les assemblées où l'on dispense la parole de Dieu.

D. Outre ces fêtes commandées par la loi divine, y a-t-il d'autres jours insti-tués plus tard pour célébrer l'époque de quelque heureux événement?

(29)

R. Oui, nous célébrons :

1°. חנוכה ou la fête des *Illumina-*
tions, en commémoration des victoires
remportées par les Asmonéens, dits Ma-
chabées, de la famille sacerdotale d'Aa-
ron, sur Anthiochus, qui avait envahi
la terre sainte et souillé le temple de Jérusalem; cette fête tombe le 25 de *kis-*
lew.

2°. פורים, ou la fête des *Sorts*, pour
célébrer l'époque où Dieu, par l'organe
de la reine Esther, délivra les Israélites
de la persécution du perfide Aman, qui
avait juré leur perte, après avoir fixé,
par la voie du sort, le jour du mas-
sacre qu'il méditait. Cette fête est fixée
au 14 du mois d'*adar*.

VIIe. LEÇON.

Des Jeûnes et autres abstinences.

D. Outre le *Grand-Jeûne* en avons-
nous d'autres dans le courant de l'année?

R. Oui. Les prophètes en ont institué quatre autres, comme souvenirs des malheurs que nos ancêtres ont essuyés à diverses époques. Le premier de ces quatre jeûnes tombe le 17 du mois de *tamouz.*

Le deuxième, le 9 du mo's d'*ab*, jour anniversaire de la destruction tant du premier que du second temple de Jérusalem;

Le troisième, le 3 du mois de *tisri*, et le quatrième, le 10 du mois de *tébeth.*

Il y a un cinquième jeûne, qui tombe le 13 d'*adar*, veille de la fête de *Pourim.*

D. Quel est le véritable but de ces jeûnes ?

R. De nous rappeler que ce sont les péchés qui ont causé les malheurs essuyés par nos pères, et de nous exciter par conséquent à améliorer notre conduite, en remplissant fidèlement tous nos devoirs, soit envers Dieu, soit envers notre prochain. L'aumône est un devoir particulièrement recommandé dans les jours de jeûne.

D. Outre la défense de prendre aucune nourriture dans les jours de jeûne, la loi de Dieu nous prescrit-elle d'autres abstinences à l'égard des mets dont nous pouvons nous nourrir?

R. La loi de Dieu nous défend de manger le sang et le suif; la chair des animaux impurs et même des animaux permis qui n'auraient pas été tués selon le rit (שׁחיטה), et de faire usage des mets où le laitage et la viande se trouvent mélangés.

SECTION DEUXIÈME.

DES DEVOIRS DE L'HOMME ENVERS SON PROCHAIN.

PREMIÈRE LEÇON.

D. Quels sont les devoirs de l'homme envers son prochain?

R. Par règle générale, nous né devons pas faire à autrui ce que nous ne voudrions pas qu'on nous fît; mais au contraire, nous devons faire pour nos semblables ce que nous voudrions qu'ils fissent pour nous. Il est défendu de tromper son prochain, d'abuser de sa faiblesse ou de son ignorance, de nuire d'une manière quelconque à sa personne, à ses intérêts ou à son honneur, et de se dispenser de l'aider lorsqu'il a besoin de notre secours. Nous devons agir envers tous nos semblables avec la plus scrupuleuse loyauté et ne jamais nous laisser séduire par l'appât du gain.

Nous devons du reste employer tous nos moyens et profiter de toutes les circonstances pour être utiles à tous nos semblables; en un mot, nous devons exercer envers tous les hommes les œuvres de miséricorde.

D. Qu'entendez-vous par œuvres de miséricorde ?

R. Ce que tout homme doit faire pour

son prochain, par sentiment de charité fraternelle et sans aucune vue d'intérêt.

D. Faites-moi connaître les principales œuvres de miséricorde?

R. C'est :

1°. Visiter les malades ;

2°. Rendre les derniers devoirs aux morts ;

3°, Racheter les captifs ;

4°. Faire l'aumône ;

5ᵉ. Donner l'hospitalité.

6°. Ramener la paix dans le sein des familles et la rétablir entre ceux qui sont divisés.

7°. Porter la consolation dans le cœur des affligés.

IIᵉ. LEÇON.

DEVOIRS SPÉCIAUX.

Du respect envers nos parens et nos supérieurs, et des égards envers nos égaux et nos inférieurs.

D. Quels sont nos principaux devoirs envers les auteurs de nos jours?

R. Nous devons les respecter, leur obéir, les défendre et les assister dans tous leurs besoins.

D. Quels sont les égards particuliers qui dérivent du respect que nous devons à nos parens?

R. Il est défendu de s'asseoir à la place qu'ils occupent habituellement, d'interrompre leur repos, de les contredire, et même d'approuver leurs propositions d'un ton décisif, pour ne pas nous ériger en juges de leurs opinions; nous devons être soumis à leur volonté lors même qu'elle nous paraîtrait injuste à notre égard ou opposée à nos intérêts. En général nous leur devons un respect intérieur, c'est-à-dire qui parte du cœur, et un respect extérieur qui se manifeste dans nos actions et dans nos discours.

D. Quelles sont les peines prononcées par la loi de Dieu contre les enfans ingrats et rebelles?

R. S'il se trouvait un fils assez dénaturé pour maudire un de ses parens ou pour porter sur lui une main criminelle, il serait maudit de Dieu et mériterait la peine de mort.

D. Après notre père et notre mère, quelles sont les personnes à qui nous devons un respect particulier?

R. Nous devons également respect et soumission à tous nos supérieurs.

D. Qu'entendez-vous par nos supé-

R. Tous ceux qui se trouvent au dessus de nous, soit par leur rang, soit par leurs connaissances, soit par leur âge. Nous devons principalement soumission, respect et reconnaissance à nos maîtres qui contribuent, par l'instruction qu'ils nous donnent, à notre existence morale; nous devons du respect à nos Rabbins comme étant les chefs religieux, et nous devons particulièrement respecter les vieillards, quels que soient leur état et leur condition. Les frères cadets doivent aussi des égards à leurs aînés, les enfans d'un autre lit doivent respecter leur beau-père et leur belle-mère, et chacun des époux, les parens de l'autre.

D. Quels sont les égards que nous devons à nos égaux et à ceux qui par leur état sont au dessous de nous ?

R. Nous devons à nos égaux les mêmes égards que nous attendons d'eux, et c'est un devoir pour nous de traitér avec bienveillance et charité les personnes que l'infortune a placées au dessous de nous ou sous notre dépendance, telles que les gens à nos gages ou nos domestiques , etc.

D. Quelles sont les personnes qui par leur position sont plus spécialement recommandées à notre charité?

R. Ce sont les veuves et les orphelins qui, abandonnés à eux-mêmes et ordinairement privés de défense , sont plus sensibles au moindre manque d'égard.

IIIe. LEÇON.

Des devoirs envers la patrie et envers le Souverain.

D. Qu'entendez-vous par le mot patrie ?

R. J'entends le pays où l'homme est né et élevé ou dans lequel il est légalement établi et où il vit sous la garantie

des lois qui assurent à tous les habitans
la possession paisible de leurs propriétés,
la jouissance de leurs droits, du fruit de
leur industrie et de leur travail.

D. Quelle est votre patrie ?

R. La France.

D. Quels sont nos devoirs envers la
France ?

R. Jouissant comme tous les habitans
de ce royaume des droits civils et politiques et des bienfaits de la Charte que
les Français doivent à la sagesse de
Louis XVIII, notre auguste Souverain, il
est de notre devoir religieux de partager
les charges communes de l'État, de servir la France, de la défendre et de faire
pour sa prospérité tous les sacrifices, soit
de nos biens, soit de notre personne.

Nous devons entière soumission et
obéissance aux lois de l'État. En général,
nous sommes tenus de préférer les intérêts de la patrie à nos intérêts personnels.
Ceux qui sont appelés au service militaire
sont dispensés des devoirs religieux dont

l'observance ne pourrait pas se concilier avec les devoirs de ce service.

D. Quels sont nos devoirs envers le Souverain ?

R. Nous lui devons fidélité, respect, amour et dévouement sans bornes; nous devons adresser des prières à l'Éternel pour la conservation des jours du Souverain, pour la prospérité de sa famille et pour la tranquillité et le bien-être de l'État.

SECTION TROISIÈME.

DES DEVOIRS DE L'HOMME ENVERS LUI-MÊME.

LEÇON Iʳᵉ.

D. Qu'est-ce que l'homme se doit à lui-même?

R. Il doit veiller à la conservation de sa vie et de son honneur; il doit s'instruire dans les devoirs religieux et moraux, méditer et étudier la loi divine, et choisir une profession, afin de s'assurer un moyen d'existence honorable.

D. Quelle est la règle générale d'une bonne conduite.

R. C'est de fuir tous les vices et de pratiquer toutes les vertus.

D. Quels sont les vices qui entraînent le plus directement à une mauvaise conduite?

R. Ce sont l'orgueil, l'avarice, la gourmandise, la colère, l'envie, le mensonge, la médisance et la paresse.

D. Quels sont les vertus opposées à ces vices?

R. La modestie, la libéralité, la sobriété, la modération, l'indifférence pour les biens de ce monde, la sincérité, la charité et l'activité.

IIᵉ. LEÇON.

Du Péché et de la Pénitence.

D. A quoi peut nous conduire l'ignorance ou la négligence de nos devoirs religieux et moraux?

R. Au péché.

D. Qu'est-ce que le péché ?

R. C'est la désobéissance à la loi de Dieu.

D. Comment se rend-on coupable du péché?

R. On peut se rendre coupable du péché par l'une des deux manières suivantes :

1°. Par l'inobservation de ce que la loi de Dieu nous ordonne de faire; ce qui s'appelle *péché d'omission*; 2°. en faisant ce que la loi divine nous défend de faire; ce qui s'appelle *péché d'action*.

D. Quel est l'effet du péché?

R. C'est de nous rendre coupables devant Dieu et de causer par là la perte de notre ame.

D. Par quel moyen le pécheur peut-il être absous de ses péchés et rentrer dans la grâce de Dieu?

R. Par la pénitence.

D. Qu'est-ce que la pénitence?

R. Le sentiment d'un sincère repentir du péché commis, le regret d'avoir offensé Dieu, la ferme résolution de ne plus pécher, et l'aveu de ses erreurs devant l'Éternel.

D. Ces actes de pénitence suffisent-ils pour nous faire obtenir le pardon de nos péchés lorsqu'il s'agit d'un tort fait à son prochain?

R. Non. Il faut en outre donner satisfaction à la personne offensée, en réparant le tort qu'on lui a fait, soit à l'égard de sa personne ou de ses intérêts, soit à l'égard de sa réputation.

(43)

D. Est-il permis au pécheur de différer sa pénitence?

R. Non, parce que rien n'étant moins certain que la durée de notre vie, le pécheur pourrait être surpris par la mort avant de s'être réconcilié avec Dieu.

D. Comment devons-nous considérer le devoir de la pénitence?

R. Comme le plus insigne bienfait du Dieu de miséricorde, qui, connaissant notre faiblesse, a bien voulu nous donner le moyen d'obtenir le pardon de nos péchés et de recouvrer la grâce divine. L'Éternel a dit : « Je ne désire point la « mort du pécheur; qu'il revienne de « ses erreurs et qu'il vive. »

Majorité religieuse.

D. A quel âge est-on majeur pour tout ce qui concerne l'exercice des devoirs religieux?

R. Les garçons sont majeurs, pour les

devoirs religieux, à l'âge de treize ans révolus, et les filles à douze ans.

D. comment les jeunes gens doivent-ils solenniser l'époque de leur majorité religieuse?

R. Par la profession formelle de la foi de nos pères, par la ferme résolution de suivre exactement et durant toute leur vie les préceptes de la loi divine. Ils doivent éprouver et manifester à l'arrivée de cette époque une sainte joie d'être appelés à l'observation de tous les devoirs religieux.

D. Quelle est à cet égard l'obligation des parens avant que leurs enfans soient parvenus à l'âge légal de treize ans et de douze ans?

R. C'est d'initier graduellement leurs enfans dans la pratique des devoirs religieux, afin de les habituer à vivre en vrais Israélites.

EXTRAIT

DES DÉCISIONS DOCTRINALES

DU GRAND - SANHÉDRIN.

Art. IV.

Fraternité.

Le Grand Sanhédrin ayant considéré que l'opinion des nations parmi lesquelles les Israélites ont fixé leur résidence depuis plusieurs générations, les laissait dans le doute sur les sentimens de fraternité et de sociabilité qui les animent à leur égard, de telle sorte que l'on ne paraissait point fixé sur la question de savoir si les Israélites regardent leurs concitoyens chrétiens comme frères, ou seulement comme étrangers.

Afin de dissiper tous les doutes à ce sujet, le Grand Sanhédrin déclare :

Qu'en vertu de la loi donnée par Moïse aux

enfans d'Israël, ceux-ci sont obligés de regarder comme leurs frères les individus des nations qui reconnaissent Dieu créateur du ciel et de la terre, et parmi lesquelles ils jouissent des avantages de la société civile, ou seulement d'une bienveillante hospitalité ;

Que la Sainte-Écriture nous ordonne d'aimer notre semblable comme nous-mêmes, et que, reconnaissant comme conforme à la volonté de Dieu, qui est la justice même, de ne faire à autrui que ce que nous voudrions qui nous fût fait (1), il serait contraire à ces maximes sacrées de ne point regarder nos concitoyens Français comme nos frères;

Que, d'après cette doctrine universellement reçue, et par les docteurs qui ont le plus d'autorité dans Israël, et par tout Israélite qui n'ignore point sa religion, il est du devoir de tous d'aider, de protéger, d'aimer leurs concitoyens et de les traiter, sous tous les rapports civils et moraux, à l'égal de leurs coreligionnaires;

Que, puisque la religion mosaïque ordonne aux Israélites d'accueillir avec tant de charité et d'égards les étrangers qui allaient résider dans leurs villes, à plus forte raison leur com-

____

(1) Talmud, Traité du Sabath, chap. 2.

mande-t-elle les mêmes sentimens envers les individus des nations qui les ont accueillis dans leur sein, qui les protègent par leurs lois, les défendent par leurs armes, leur permettent d'adorer l'Éternel selon leur culte, et les admettent, comme en France, à la participation de tous les droits civils et politiques :

D'après ces diverses considérations, le Grand Sanhédrin ordonne à tout Israélite français de vivre avec les sujets de l'état dans lequel ils habitent, comme avec leurs concitoyens et leurs frères, puisqu'ils reconnaissent Dieu créateur du ciel et de la terre, parce qu'ainsi le veut la lettre et l'esprit de notre sainte loi.

Art. V.

Rapports moraux.

Le Grand Sanhédrin, voulant déterminer quels sont les rapports que la loi de Moïse prescrit aux Hébreux envers les individus des nations parmi lesquelles ils habitent, et qui, professant une autre religion, reconnaissent Dieu créateur du ciel et de la terre,

Déclare que tout individu professant la religion de Moïse, qui ne pratique point la justice et la charité envers tous les hommes adorant l'Éternel, indépendamment de leur croyance particulière, pèche notoirement contre sa loi;

Qu'à l'égard de la justice, tout ce que prohibe l'Écriture Sainte comme lui étant contraire, est absolu et sans acception de personnes;

Que le Décalogue et les livres sacrés qui renferment les commandemens de Dieu à cet égard, n'établissent aucune relation particulière, et n'indiquent ni qualité, ni condition, ni religion auxquelles ils s'appliquent exclusivement, en sorte qu'ils sont communs aux rapports des Hébreux avec tous les hommes en général, et que tout Israélite qui les enfreint envers qui que ce soit, est également criminel et répréhensible aux yeux du Seigneur;

Que cette doctrine est aussi enseignée par les Docteurs de la Loi, qui ne cessent de prêcher l'amour du Créateur et de sa créature (1), et déclarent formellement que les récompenses de la vie éternelle sont réservées aux hommes vertueux de toutes nations (2); que l'on trouve dans les Prophètes des preuves multipliées qui établissent qu'Israël n'est pas l'ennemi de ceux qui professent une autre religion que la sienne.

_____

(1) Traité d'Abot, chap. VI, part. 6.
(2) Talm. traité Sanhéd. chap. II.

(49)

Qu'à l'égard de la charité, Moïse, comme il
a déjà été rapporté, la prescrit, au nom de
Dieu, comme une obligation : « Aime ton pro-
» chain comme toi-même, car je suis le sei-
» gneur..... L'étranger qui habite dans vo-
» tre sein sera comme celui qui est né parmi
» vous : vous l'aimerez comme vous-même,
» car vous avez été aussi étrangers en Égypte.
» Je suis l'Éternel votre Dieu. » (1) David dit :
« La miséricorde de Dieu s'étend sur toutes ses
» œuvres. » (2) « Qu'exige de vous le Seigneur?
» dit Michée : rien de plus que d'être justes,
» et la charité » (3). « Nos Docteurs déclarent
» que l'homme compatissant aux maux de son
» semblable, est à nos yeux comme s'il était
» issu du sang d'Abraham » (4);

Que tout Israélite est obligé envers ceux qui
observent les Naachides (5), quelle que soit
d'ailleurs leur religion ; de les aimer comme ses
frèr , de visiter leurs malades, d'enterrer
leurs morts, d'assister leurs pauvres comme
ceux d'Israël, et qu'il n'y a point d'acte de

---

(1) Lévit. chap. XIX, v. 34.
(2) Ps. 145, v. 9.
(3) Chap. VI, v. 8.
(4) Hirubin, chap. YII,
(5) Ce sont les préceptes donnés à Noé.

3

charité ni d'œuvre de misericorde dont il puisse se dispenser envers eux.

D'après ces motifs, puisés dans la lettre et l'esprit de l'Écriture Sainte,

Le Grand Sanhédrin prescrit à tous les Israélites, comme devoirs essentiellement religieux et inhérens à leur croyance, la pratique habituelle et constante, envers tous les hommes reconnaissant Dieu créateur du ciel et de la terre, quelque religion qu'ils professent, des actes de justice et de charité dont les Livres saints leur prescrivent l'accomplissement.

Art. VI.

Rapports civils et politiques.

Le Grand Sanhédrin, pénétré de l'utilité qui doit résulter pour les Israélites, d'une déclaration authentique qui fixe et détermine leurs obligations, comme membres de l'État auquel ils appartiennent, et voulant que nul n'ignore quels sont à cet égard les principes que les Docteurs de la Loi, et les Notables d'Israël professent et prescrivent à leurs coreligionnaires, dans les pays où ils ne sont point exclus de tous les avantages de la société civile, spécialement en France,

Déclare qu'il est de devoir religieux pour tout Israélite né et élevé dans un État, ou qui en devient citoyen par résidence ou autrement, conformément aux lois qui en déterminent les conditions, de regarder ledit État comme sa patrie;

Que ces devoirs, qui dérivent de la nature des choses qui sont conformes à la destination des hommes en société, s'accordent, par cela même, avec la parole de Dieu;

Daniel dit à Darius, « qu'il n'a été sauvé de » la fureur des lions, que pour avoir été éga- » lement fidèle à son Dieu et à son Roi » (1);

Jérémie recommande à tous les Hébreux de regarder Babylone comme leur patrie : « Con- » courez de tout votre pouvoir, dit-il, à son » bonheur. » (2) On lit dans le même livre le serment que fit prêter Guedalya aux Israélites : » Ne craignez point, leur dit-il, de servir les » Chaldéens, demeurez dans le pays; soyez fi- » dèles au roi de Babylone, et vous vivrez heu- » reusement (3) »;

» Crains Dieu et ton Souverain », a dit Salomon (4);

____

(1) Prov. chap. 24 et 27.
(2) Misna, Traité d'Abot, chap. 1.
(3) Voy. Talm. Traité Sota.
(4) Voy. Kiduschin, chap.

Qu'ainsi tout prescrit à l'Israélite d'avoir pour son prince et ses lois le respect, l'attachement et la fidélité dont tous ses sujets lui doivent le tribut; que tout l'oblige à ne point isoler son intérêt de l'intérêt public, ni sa destinée, non plus que celle de sa famille, de la destinée de la grande famille de l'État; qu'il doit s'affliger de ses revers, et s'applaudir de ses triomphes, et concourir par toutes ses facultés au bonheur de ses concitoyens :

En conséquence, le Grand Sanhédrin statue que tout Israélite né et élevé en France, et traité par les lois de cet État comme citoyen, est obligé religieusement de les regarder comme sa patrie, de les servir, de les défendre, d'obéir aux lois et de se conformer, dans toutes ses transactions, aux dispositions du Code civil;

Déclare, en outre, le Grand Sanhédrin, que tout Israélite appelé au service militaire est dispensé par la loi, pendant la durée de ce service, de toutes les observances religieuses qui ne peuvent se concilier avec lui.

ART. VII.

Professions utiles.

Le Grand Sanhédrin, voulant éclairer les Israélites, et en particulier ceux de France, sur la nécessité où ils sont, et les avantages qui résulteront pour eux de s'adonner à l'agriculture, de posséder des propriétés foncières, d'exercer les arts et métiers, de cultiver les sciences qui permettent d'embrasser des professions libérales ; et considérant que si, depuis long-tems, les Israélites de cet état se sont vus dans la nécessité de renoncer en partie aux travaux mécaniques, et principalement à la culture des terres, qui avait été, dans l'ancien tems, leur occupation favorite, il ne faut attribuer ce funeste abandon qu'aux vicissitudes de leur état, à l'incertitude où ils avaient été, soit à l'égard de leur sûreté personnelle, soit à l'égard de leurs propriétés, ainsi qu'aux obstacles de tout genre que les réglemens et les lois des nations opposaient au libre développement de leur industrie et de leur activité ;

Que cet abandon n'est aucunement le résultat des principes de leur religion, ni des interprétations qu'en ont pu donner leurs docteurs, tant anciens que modernes, mais bien un effet malheureux des habitudes que la privation du libre exercice de leurs facultés industrielles leur avait fait contracter ;

Qu'il résulte, au contraire, de la lettre et de l'esprit de la législation mosaïque, que les travaux corporels étaient en honneur parmi les enfans d'Israël, et qu'il n'est aucun art mécanique qui leur soit nominativement interdit, puisque la Sainte Ecriture les invite et leur commande de s'y livrer ; que cette vérité est démontrée par l'ensemble des lois de Moïse et de plusieurs textes particuliers, tels, entre autres, que ceux-ci :

« Lorsque tu jouiras du labeur de tes mains , » tu seras bienheureux, et tu auras l'abon- » dance » (1); « Celui qui laboure ses terres » aura l'abondance, mais celui qui vit dans l'oi- » siveté est dans la disette» (2) ; Laboure dili- » gemment ton champ, et tu pourras après » édifier ton manoir » (3); « Aime le travail et » fuis la paresse (4) » ;

Qu'il suit évidemment de ces textes, non-seulement qu'il n'est point de métier honnête interdit aux Israélites, mais que la religion attache du mérite à leur exercice, et qu'il est agréable aux yeux du Très-Haut que chacun s'y livre et en fasse, autant qu'il dépend de lui , l'objet de ses occupations ;

Que cette Doctrine est confirmée par le Tal-

(1) Psaume 127.
(2) Prov. chap. 28 et 59.
(3) Prov. chap. 24 et 27.
(4) Misna, Traité d'Abot, chap. 1.

mud , qui , regardant l'oisiveté comme la source des vices (1), déclare positivement que le père qui n'enseigne pas une profession à son enfant, l'élève pour la vie des brigands (2); et par cent autres passages du même code que l'on pourrait citer à ce sujet;

En conséquence, le Grand Sanhédrin , en vertu des pouvoirs dont il est revêtu , ordonne à tous les Israélites, et en particulier à ceux de France, qui jouissent maintenant des droits civils et politiques, de rechercher et d'adopter les moyens les plus propres à inspirer à la jeunesse l'amour du travail, et à la diriger vers l'exercice des arts et métiers, ainsi que des professions libérales , attendu que ce louable exercice est conforme à notre sainte Religion, favorable aux bonnes mœurs, essentiellement utile à la patrie, qui ne saurait voir dans des hommes désœuvrés et sans état que de dangereux citoyens;

Invite en outre , le Grand Sanhédrin, les Israélites de France, d'acquérir des propriétés foncières, comme un moyen de s'attacher davantage à leur patrie ; de renoncer à des oc-

---

(1) Chap. VI, v. 23.
(2) Jér. chap. V.

cupations qui rendent les hommes odieux ou méprisables aux yeux de leurs concitoyens, et de faire tout ce qui dépendra de nous pour acquérir leur estime et leur bienveillance.

Art. VIII.

Prêt entre Israélites.

Le Grand Sanhédrin déclare que la Loi divine et ses interprètes ont permis ou défendu l'intérêt, selon les divers usages que l'on fait de l'argent. Est-ce pour soutenir une famille ? l'intérêt est défendu. Est-ce pour entreprendre une spéculation de commerce qui fait courir un risque aux capitaux du prêteur ? l'intérêt est permis quand il est légal, et qu'on peut le regarder comme un juste dédommagement. *Prête au pauvre*, dit Moïse. Ici, le tribut de la reconnaissance, l'idée d'être agréable aux yeux de l'Éternel, est le seul intérêt ; le salaire du service rendu est dans la satisfaction que donne la conscience d'une bonne action : qu'il n'en est pas de même de celui qui emploie des capitaux dans l'exploitation de son commerce ; là, il est permis au prêteur de s'associer au profit de l'emprunteur :

En conséquence le Grand Sanhédrin déclare, statue et ordonne, comme devoir religieux, à tous les Israélites, et particulièrement à ceux de France, de n'exiger aucun intérêt de leurs coreligionnaires, toutes les fois qu'il s'agira d'aider le père de famille dans le besoin, par un prêt officieux;

Statue, en outre, que le profit légitime du prêt entre coreligionnaires n'est religieusement permis que dans le cas de spéculations commerciales qui font courir un risque au prêteur, ou, en cas de lucre cessant, selon le taux fixé par la loi de l'État.

ART. IX.

Prêt entre Israélites et non Israélites.

Le Grand Sanhédrin, voulant dissiper l'erreur qui attribue aux Israélites la faculté de faire l'usure avec ceux qui ne sont pas de leur religion, comme leur étant laissée par cette religion même, et confirmée par leurs docteurs talmudistes;

Considérant que cette imputation a été, dans différens tems et dans différens pays, l'une des causes des préventions qui se sont élevées contre eux, et voulant faire cesser dorénavant tout faux jugement à cet égard, en fixant le sens du texte sacré sur cette matière ;

Déclare que le texte qui autorise le prêt à intérêt avec l'étranger, ne peut et ne doit s'entendre que des nations étrangères avec lesquelles on faisait le commerce, et qui prêtaient elles-mêmes aux Israélites, cette faculté étant basée sur un principe naturel de réciprocité ;

Que le mot *nochri* ne s'applique qu'aux individus des nations étrangères, et non à des concitoyens que nous regardons comme nos frères ;

Que, même à l'égard des nations étrangères, l'Écriture sainte, en permettant de prendre d'elles un intérêt, n'entend point parler d'un profit excessif et ruineux pour celui qui le paie, puisqu'elle nous déclare ailleurs que toute iniquité est abominable aux yeux du Seigneur.

En conséquence de ces principes, le Grand Sanhédrin, en vertu du pouvoir dont il est revêtu, et afin qu'aucun Hébreu ne puisse à l'avenir alléguer l'ignorance de ses devoirs religieux en matière de prêt à intérêt envers ses compatriotes, sans distinction de religion ;

Déclare à tous Israélites, et particulièrement à ceux de France, que les dispositions prescrites par la décision précédente sur le prêt officieux ou à intérêt d'Hébreu à Hébreu, ainsi que les principes et les préceptes rappelés par le texte de l'Écriture sainte sur cette matière, s'étend tant à nos compatriotes, sans distinction de religion, qu'à nos coreligionnaires ;

Déclare, en outre, que quiconque transgresse la présente ordonnance, viole un devoir religieux, et pèche notoirement contre la loi de Dieu ;

Déclare enfin que toute *usure* est indistinctement défendue, non-seulement d'Hébreu à Hébreu, et d'Hébreu à concitoyen d'une autre religion, mais encore avec les étrangers de toutes les nations, regardant cette pratique comme une iniquité abominable aux yeux du Seigneur ;

Ordonne également, le Grand Sanhédrin, à tous les Rabbins, dans leurs prédications et leurs instructions, de ne rien négliger auprès de leurs coreligionnaires pour accréditer dans leur esprit les maximes contenues dans la présente décision.

FIN.